SOCIÉTÉ DE L'HISTOIRE DE NORMANDIE

Assemblée générale à Rouen le 10 juillet 1902

UN ITINÉRAIRE DE NORMANDIE

AU XVIIe SIÈCLE

Discours de M. le Chanoine PORÉE

Président d'honneur de la Société

ROUEN
IMPRIMERIE CAGNIARD (LÉON GY, SUCCESSEUR)
Rue Jeanne-Darc, 88

1902

Un Itinéraire de Normandie

AU XVIIe SIÈCLE

SOCIÉTÉ DE L'HISTOIRE DE NORMANDIE

Assemblée générale à Rouen le 10 juillet 1902

UN ITINÉRAIRE DE NORMANDIE

AU XVIIe SIÈCLE

Discours de M. le Chanoine PORÉE

Président d'honneur de la Société

ROUEN

IMPRIMERIE CAGNIARD (LÉON GY, SUCCESSEUR)

Rue Jeanne-Darc, 88

1902

UN ITINÉRAIRE DE NORMANDIE AU XVIIe SIÈCLE

MESSIEURS ET CHERS CONFRÈRES,

Ma première parole doit vous exprimer toute ma reconnaissance pour l'honneur très grand que vous m'avez accordé en m'invitant à présider votre Assemblée générale. Mes remerciements s'adressent particulièrement, vous n'en serez pas surpris, à notre éminent Président, M. de Beaurepaire, qui, en me demandant d'occuper sa place aujourd'hui, voulait bien me témoigner des sentiments dont je suis très touché et très honoré.

Et pourtant, Messieurs, je vous l'avoue en toute simplicité, votre suffrage, en me causant une intime satisfaction, m'a un peu embarrassé. Votre Président, pour se conformer à l'usage, doit vous adresser une allocution. Et pendant que, pour prendre langue, je relisais les discours que mes devanciers ont prononcés en pareille occurrence, je me demandais, non sans une certaine inquiétude, quel pourrait bien être le sujet du mien. Tant de graves questions, tant de problèmes historiques ont été magistralement traités ou élucidés ici depuis trente ans, que le champ se restreint de plus en plus, d'année en année. Puis, Messieurs, que pourrais-je vous dire que vous ne sachiez déjà, vous pour qui l'histoire de notre Normandie n'a guère de secrets; vous à qui nous sommes redevables de tant de savantes éditions dont l'ensemble, à cette heure, forme presque une bibliothèque?

Donc, je cherchais un sujet lorsque mon regard s'arrêta sur un Normand du XVIIe siècle, qui, animé du désir passionné de connaître l'histoire de son pays, avait amassé durant sa vie une énorme quantité de notes et de documents qui ne semblent pas avoir été jusqu'ici utilisés comme ils le mériteraient (1).

Ce Normand, c'est Du Buisson-Aubenay.

Assurément, Messieurs, je n'ai pas la prétention d'avoir découvert un homme que vous connaissez bien. Il y a bientôt cinquante ans, lorsqu'il éditait le *Journal d'Olivier Lefèvre d'Ormesson* et les *Mémoires de Saint-Simon*, Chéruel empruntait d'intéressants fragments aux manuscrits de Du Buisson. De 1883 à 1885, M. Saige a publié en deux volumes tout ce qui reste du *Journal des guerres civiles*, les faisant précéder d'une étude biographique et critique approfondie. En 1889, M. Join-Lambert revenait à cette curieuse physionomie d'érudit, y ajoutait quelques traits, et relevait ce que l'œuvre manuscrite pouvait offrir d'intéressant au point de vue normand.

Je me bornerai à rappeler ici quelques étapes du *curriculum vitae* de François-Nicolas Baudot, seigneur du Buisson et d'Ambenay, né très probablement à Ambenay, vers 1590, de Cyprien Baudot, écuyer, lieutenant de la vicomté de Conches et de Breteuil, et de Marie Le Forestier.

Il fit de bonnes études. « La facilité avec laquelle il se sert de la langue latine au point d'écrire habituellement ses notes en latin, dans une langue correcte, la profonde connaissance des auteurs classiques que démontrent ses recherches d'épigraphie, d'archéologie et de géographie de l'antiquité, l'art avec lequel il

(1) Dans son très intéressant ouvrage *Les voyageurs en France depuis la Renaissance jusqu'à la Révolution* (1885, in-12), M. Albert Babeau n'a pas mentionné Du Buisson-Aubenay; toutefois, il a extrait de ses manuscrits le *Voyage d'un archéologue dans le sud-ouest de la Champagne*. (*Annuaire de l'Aube*, 1886.)

choisissait et rédigeait les devises et les inscriptions, tout témoigne d'études premières suivies avec soin (1) ».

Après un premier voyage en Italie, Du Buisson est attaché, dès avant l'année 1629, à Jean d'Estampes de Valençay qu'il accompagne en Piémont. Puis il se trouve mêlé à diverses missions diplomatiques en Hollande, en Suisse, en Allemagne et en Angleterre. Tout en conservant des liens étroits avec la famille d'Estampes, il vient, en 1645, habiter l'hôtel de Henry du Plessis-Guénégaud, secrétaire d'État, qui lui fait obtenir la charge d'historiographe, puis celle de maître-d'hôtel ordinaire du Roi. A la mort de Pierre de Montmaur, Du Buisson est nommé, le 1er avril 1650, « intendant des devises, emblèmes et inscriptions pour les jardins, galleries et bastimens royaux de France ». Il mourut à Paris, à l'hôtel de Nevers, le 1er octobre 1652, et fut inhumé dans l'église de Saint-Étienne-du-Mont.

« Les manuscrits de Du Buisson Aubenay, conservés à la Bibliothèque Mazarine, forment un ensemble de cinquante volumes ou portefeuilles dont trente-trois in-folio... La variété des études auxquelles ils se rapportent montrent que Du Buisson était un de ces chercheurs comme le xviie siècle en a tant produit, qui tentaient d'embrasser toutes les sciences et de réunir dans de patientes compilations l'ensemble des connaissances acquises de leur temps. Chronologie, géographie, archéologie surtout romaine, linguistique, diplomatique, épigraphie, généalogies, mathématiques, fortifications, jusqu'à l'horlogerie, l'alchimie et l'astronomie, tout s'y rencontre un peu pêle-mêle (2). »

Ses pérégrinations militaires et diplomatiques avaient conduit Du Buisson à travers l'Europe; et comme il était d'esprit observateur et curieux, qu'il avait d'ailleurs sans cesse la plume à la main, il consigna dans des *Itinéraires*, comme Paul Hentz-

(1) Saige, *Journal des guerres civiles de Du Buisson-Aubenay*. Introduction, p. xvj.

(2) Saige, *Id.*, Introduction, p. iv.

ner, Isaac Pontanus et Just Zinzerling, tout ce qu'il avait trouvé digne de remarque pendant ses voyages en Italie, en Belgique, en Hollande, en Allemagne, en Hongrie, en Angleterre, aussi bien que dans les diverses provinces de France.

La Normandie ne pouvait manquer d'être l'objet de ses investigations et de ses remarques. Du Buisson a, en effet, consacré à sa province natale un cahier in-4° d'environ deux cents pages, qui paraît avoir été rédigé entre les années 1640 et 1645, et intitulé : *Itinéraire de Normandie.* C'est de ce manuscrit, Messieurs, que je voudrais vous entretenir quelques instants.

L'*Itinéraire de Normandie* n'est point un journal de voyage proprement dit, mais un recueil d'observations personnelles auxquelles viennent s'annexer les lettres et les mémoires que l'auteur se faisait adresser par ses amis. Peu de choses échappent à la curiosité toujours en éveil de Du Buisson. Les rivières, leurs sources, les accidents de leur cours sont soigneusement notés, les voies romaines signalées au passage ; les châteaux, les abbayes, les églises avec leurs monuments funéraires, les vitraux et leurs armoiries, tout cela est exactement relevé. Et ce qui rehausse la valeur et l'intérêt de ces notes rédigées sans apprêt, c'est que beaucoup de ces monuments archéologiques ont disparu, soit à la suite de remaniements et de reconstructions, soit à l'occasion des troubles révolutionnaires.

Il serait trop long et passablement fastidieux, je le reconnais, de suivre Du Buisson dans toutes les localités des diocèses de Rouen et d'Evreux sur lesquelles ont porté ses recherches ; tout, d'ailleurs, n'y est pas d'égale valeur. Nous irons donc de-ci, delà, au hasard de ses notes, essayant d'en tirer quelques données inédites, ou du moins peu connues, sur la Haute-Normandie à la fin du règne de Louis XIII.

Le poids des siècles, la violence du courant et des débâcles soudaines avaient à peu près ruiné le vieux pont de Rouen, construit au XIIe siècle par l'impératrice Mathilde. Le 2 janvier 1630, un pont de bateaux était inauguré et béni solennellement. Quand Du Buisson le vit terminé, il fut émerveillé de l'importance et de l'étrangeté de cette voie flottante.

« A Rouen, dit-il, il y avoit jadis un pont de pierres de taille dont il reste environ la moitié et le bout de devers la ville au quay. Le bout vers le faubourg S. Sever fut emporté en un lundy, il y a plus de trente ans. On a tenté depuis à diverses fois de le refaire, mais en vain, à cause du mauvais fond de terrain, de la grande profondeur de l'eau et de la force de la marée, flux et reflux qui va et vient de 6 heures en 6 heures. Environ 60 pas au dessus, on a bâti un pont de 19 grands bateaux traversés de poutres couvertes d'ais ayant 300 pas communs de longueur et presque 20 pas de largeur. Vers les deux bouts, il est sans gardefous ni rebords. Par un long espace de plus de 150 pas, il y a un rebord élevé de 2 ou 3 marches avec gardefou de chaque costé ayant environ 4 pas communs de largeur par où vont les gens de pied. Entre ces deux rebords est le milieu de la largeur du pont ayant d'un rebord à l'autre 10 à 12 pas communs de largeur, terré et pavé; c'est par là que passent les chevaux et charois. Au bout, vers le faubourg, il y a des grues et engins à bic ou crochet de fer et des cordages attachés levant trois ponts-levis, ou un pont-levis séparé en trois pans situés entre deux bateaux; par cet espace ouvert passent les petits bateaux qui montent ou descendent la rivière. » Un mécanisme ingénieux ménageait une ouverture de 27 pieds de largeur pour le passage des grands bateaux, et aussi des glaces en hiver, car, ajoute Du Buisson, « la Seine est sujette à geler et à prendre jusques à souffrir et porter les charois... Les navires dont il y a jusqu'à 200, barques, flibots et heus (1), ne remontent

(1) *Flibot*, vaisseau moyen qui est armé en course, et qui pour l'ordinaire a le derrière rond. (Richelet, *Dict. de la langue française*, 1751, II, 241.) — *Heu*, petit vaisseau marchand qui est fort plat de varengue et dont la couverture s'élève de proue à poupe d'un demi-pied ou environ plus que le plat-bord. Le heu est propre à transporter des marchandises sur de grandes rivières. (*Id.*, 364.)

point jusqu'au dit pont, et demeurent au dessous de celuy de pierre qui est rompu, au havre vis à vis de la Bourse et de la Romaine, qui est la Douane. Au milieu du nouveau pont, il y a un des bateaux qui est couvert pour une chambre où logent des hommes, qui pour 12 sols de gages veillent jour et nuit à la conservation et réparation du pont, tant contre les incendies des meschans que l'effort des eaux et les survenuës des glaces, et sont payés par la ville qui a fait faire ledit pont par le nommé Loisel, architecte de Rouen mesme (1). » Nous savons, par des documents publiés par M. de Beaurepaire, que Pierre Loysel, sieur des Perrières, lors de l'entreprise d'un nouveau pont de pierre qui fut abandonnée, avait eu comme associés des artistes célèbres, Jean Androuet du Cerceau, architecte du Roi, et Charles de Ry, architecte des bâtiments de la duchesse douairière de Longueville (2).

La Romaine était un grand bâtiment construit sur le quai où siégeait le maître du port qui avait connaissance des différends relatifs aux impositions foraines, droits d'entrée et de sortie, etc. (3). A ce propos, Du Buisson fait remarquer que « à Dieppe comme à Rouen, il y a deux Poids, la Romaine où l'on pèse *libra romana seu statera*, et le Poids de la Vicomté où l'on pèse avec un banquart ou balances, et c'est le poids du Roy, dont les 100 livres valent 101 de Rouen et 102 de Paris, bien que la livre n'ait que 16 onces; mais l'once de Dieppe est plus forte que celle de Rouen d'une seize centième partie (4). »

La bibliothèque du chapitre ne pouvait manquer de recevoir la visite d'un érudit tel que Du Buisson. Il trouve admirable

(1) F° 45 v°.

(2) *Note sur la construction du pont de Rouen au XVII° siècle*, dans le *Dernier recueil de notes historiques et archéologiques*, 1892, p. 148 à 153.

(3) Farin, *Histoire de la Ville de Rouen*, 1710, I, 245.

(4) F° 9.

« l'escalier de belle pierre blanche qui y donne accès », et il note le distique :

Si quem sancta tenet meditandi in lege voluntas,
Hic poterit sacris residens intendere libris.

inscrit en lettres d'or au dessus de l'entrée par ordre de Mgr François de Harlay qui, le 13 janvier 1634, avait fait don au chapitre de sa riche bibliothèque de Gaillon. « La bibliothèque, ajoute Du Buisson, est ouverte d'ordinaire depuis neuf heures du matin jusques à trois heures du soir. Elle est gouvernée par les deux frères Le Prévost, dont l'aîné est chanoine ; l'autre a cent escus d'appointements du chapitre (1). »

Quittons Rouen et rendons-nous avec Du Buisson-Aubenay à cette pittoresque collégiale d'Ecouis dont les deux tours et la jolie flèche centrale dominent l'immense plaine du Vexin. Notre guide décrit exactement les diverses sépultures avec leurs inscriptions, notamment celles d'Enguerrand de Marigny et de son frère, l'archevêque de Rouen, mort en 1351. Dans la nef, il remarque « une tombe plate gravée de deux testes d'homme et de femme encore reconnoissables, tout le reste estant effacé ; et c'estoit là dessus que aucuns veulent dire qu'estoit cet épitaphe gravé, que d'autres mettent à Jumièges : Cy gisent le fils et la mère ; cy gisent la sœur et le frère ; cy sont la femme et le mary, et n'y a que deux corps icy (2) ». Il y a longtemps qu'on ne prend plus au tragique, ni même au sérieux, ce jeu de mots renouvelé des Latins, et Louis Du Bois avait grandement tort d'affirmer qu'en 1824, « on voyait cette épitaphe dans l'église d'Ecouis (3) », puisque Du Buisson, qui visita la collégiale vers

(1) F° 44 v°.

(2) F° 18.

(3) *Recherches sur le sujet de l'inceste innocent, de l'épitaphe d'Ecouis, etc.*, dans les *Archives de la Normandie*, année 1824, p. 53 et suivantes. — Cf. *L'Intermédiaire des chercheurs et curieux*, n° du 10 avril 1836, col. 205 et 206.

1640 et ne manqua pas de faire sur ce sujet sa petite dissertation, avait du moins la bonne foi de reconnaître qu'à part « deux testes d'homme et de femme encore reconnoissables, tout le reste estoit effacé ».

Le bourg de Pont-Saint-Pierre fut peut-être visité à plusieurs reprises par Du Buisson ; en tout cas, la description qu'il en donne, à la date de 1640, est faite *de visu*. Après avoir noté, avec force détails, la source et le cours de l'Andelle « qui passe en trois bras par Pont-Saint-Pierre », il ajoute : « Sur cette rivière on laisse aller tous les ans vers la fin de l'été et en automne les bois de la forest de Lyons dont les marchans ont acheté les coupes, et ils vont flottans non par radeaux comme les bois de Bourgogne qui descendent par la Seine à Paris, mais séparément et busche à busche ; et les meuniers sont tenus de laisser, durant un jour ou deux que ce bois flotte et descend, leurs aisseaux et pales ouvertes afin qu'il passe, et ont droit de pescher et prendre celui qui se noye (comme ils parlent), c'est-à-dire qui, trop abreuvé d'eau ou accroché, coule à fond ; à cause de quoy ils laissent la rivière exprès peu nette et pleine de fortes herbes. Le baron de Pont-Saint-Pierre a droit aussy d'en prendre au passage derrière son chasteau certain nombre réglé et à quoy les marchans sont abbonés (1). Quand le bois a flotté et qu'il est descendu jusqu'à la gueule d'Andelle (ainsy appelle-t-on l'endroit où cette rivière débouche en Seine), on le met en piles sur le bord de l'eau pour le laisser essuyer ou sécher, puis on le charge en bateaux pour estre dévalé à Rouen ou monté à Paris. Ce bois est de charmes, trembles et bouleaux, et pour la plus grande partie de hêtre, et il brûle très bien (2) ».

Quoique le côté pittoresque des choses ne semble pas d'ordi-

(1) Sur ce droit, voir l'aveu pour la baronnie de Pont-Saint-Pierre rendu le 5 juillet 1600 par Pierre de Roncherolles. (A. Le Prévost, *Mémoires et notes pour servir à l'histoire du département de l'Eure*, II, 66[illegible] et suiv.).

(2) F° 30.

naire avoir un vif attrait pour Du Buisson-Aubenay, le léger croquis qu'il trace du château de Pont-Saint-Pierre ne manque cependant pas de couleur. « Le chasteau paroist assez par le dehors à cause des corps de logis aux coins tourellés en pointe, le tout ardoisé ; il y a de beaux fossés pleins d'eau, et la rivière d'Andelle passe tout contre du costé du nord ; ainsy le chasteau est entre prairies et rivières et les côteaux chargés de bois ».

Pont-Saint-Pierre comptait deux paroisses : Saint-Pierre, dont le patronage était aux moines du Bec, et Saint-Nicolas, à ceux de Lyre. « Au milieu du chœur de cette dernière église, dit Du Buisson, est une grande tombe plate de pierre dure, d'un personnage représenté teste nue et sans barbe, vêtu d'une longue tunique ; à ses pieds sont deux lyons, à ses costés six fleurs de lys, et des anges figurés aux deux coins de la teste avec une main qui bénit, et tout autour est écrit : *Ci. gist. Bertaut. le. chastelein. de. Radepont. Dex. li. face. verai. pardun. de. tous. les. péchiés. que. fet. a. puis. que. sa. vie. conmenca.* (1) ». Je n'ai point trouvé trace de ce personnage qui devait appartenir à la famille des Poissy ou des Moret, châtelains de Radepont au XIIIe siècle. Du moins, cette superbe dalle tumulaire se voit toujours dans l'église de Pont-Saint-Pierre.

Du Buisson s'était lié à Paris avec un janséniste de marque, qui passait pour être l'un des « convertisseurs » de la duchesse de Longueville à laquelle il était fort attaché : c'était Charles Maignart, sieur de Bernières, maître des requêtes au Parlement de Paris. Il sortait d'une vieille famille de robe, originaire de Vernon, qui apparaît dès le XVe siècle pourvue de charges de judicature. Guillaume Maignart, conseiller à l'Echiquier de Rouen, est en 1508 prince du Puy ; il meurt en 1524. Du Buisson fait mention de Thomas Maignart, conseiller à la Cour des Aides de Normandie, de Jean, son fils, président à la même Cour. Le

(1) F° 32.

fils de ce dernier, Charles Ier du nom, devint en 1601 président du Parlement de Rouen et mourut le 20 juillet 1621 (1); il fut père de Charles IIe, aussi président, mort le 10 mars 1632, à l'âge de trente-huit ans, et l'aïeul de Charles IIIe, né à Rouen en 1617, conseiller au Parlement de Paris, l'ami de Du Buisson, que sa générosité avait fait surnommer le Procureur des pauvres. Son jansénisme le fit exiler à Issoudun; il y mourut le 31 juillet 1662 (2).

Les Maignart de Bernières possédaient à Pont-Saint-Pierre le fief de Maisons. « Au pied de la côte, dit Du Buisson, est située une jolie maison composée d'un corps de logis petit mais fort accommodé et logeable, et au bout est une galerie basse et haute de 35 pas de promenade, terminée par une chapelle fort jolie dont le patron est saint Jacques de Galice. C'est un fief appelé Maisons, relevant du Roy, et appartenant depuis plus de cent ans aux Maignart, sieurs de Bernières, qui portent pour armes : d'azur à une bande d'argent chargée de trois quintefeuilles de pourpre ».

Aux murs de la galerie haute étaient appendus les portraits des ancêtres. Une pièce de vers latins, datée 1607, laisse entendre que cette galerie, en forme de portique, avait été construite dans les premières années du XVIIe siècle par le président Charles Maignart :

Illos in usus hunc paravi porticum.

Derrière la maison s'étendaient les jardins, la garenne « et un beau canal d'eau vive dérivé de la rivière », le tout abrité par les hautes futaies d'ormes, de frênes et de hêtres de la forêt du Longboël.

Tel était ce manoir de Maisons, vraisemblablement construit à l'époque de la Renaissance, dans lequel le vieux président

(1) Il fut inhumé dans l'église de Sainte-Croix-Saint-Ouen. (Farin, II, 423.)

(2) Voir les *Mémoires de Thomas Du Fossé*, édition Bouquet, tom. I et II, passim.

aimait à passer la belle saison et à promener ses rêveries poétiques sous l'ombrage des longues avenues, car Maignart était poète (1). Du Buisson, qui nous a conservé la poésie latine de 1607, cite également ce distique inscrit sur la façade de la maison :

Felicem dominis quis me neget? Ante voluptas
Patris eram; nati sum modo deliciæ.

Et les deux suivants qu'on lisait de l'autre côté :

Ut proavis et avis et patri, villula, cultam
Hæres excolui te quoque, quam potui.
Sic faxint Superi te nati, teque nepotes
Longa florentes posteritate colant.

Il existe dans l'église de Vernon un monument funéraire supportant une statue priante, qui est celle de Marie Maignart de Bernières, femme de messire Alphonse Jubert, seigneur d'Arquency, morte à l'âge de vingt-trois ans, le 10 octobre 1610. C'était la fille du président. Je serais porté à croire qu'il est l'auteur des trois pièces de vers français gravées sur les faces du tombeau.

Du Buisson avoue quelque part, avec ingénuité, qu'il a mangé *ad satietatem, ad saturitatem*; ce devait être un fort mangeur, peut-être un gourmet, fort expert ès choses de la bouche. Cédait-il à quelque préoccupation de cet ordre, ou plutôt à quelque savoureux souvenir, lorsqu'il consignait cette curieuse observation? « Entre la vallée d'Andelle et le village de Douville, il y a une aulnaie dans un marais de la prairie où tous les ans au mois d'aoust viennent certains oyseaux de marais qu'on appelle cocouans; ils sont gros comme des ralles d'eau, mais ont le bec plus court, les pieds plus en plongeon et le corps plus rond. Ils

(1) Du Buisson dit formellement : « Sur la façade du corps-de-logis, à l'un des bouts, sont quatre vers faits par messire Charles Maignart de Bernières, qui fut père de Charles 2d aussy président. »

font leurs petits dans cette aulnaie, et sont si gras et si délicats qu'il n'y a sarcelle ni bécassine qui les vaille. Les paysans les prennent aux lacqs sur la fin de septembre et les vendent trois sols pièce, peu plus ou peu moins selon qu'il y en a abondance (1) ». Je n'ai point rencontré le mot cocouan dans les dictionnaires normands, et j'allais me résigner à ignorer ce que pouvait être cet oiseau, lorsque je lus dans le *Mémoire statistique du département de l'Eure,* dressé en 1804 par le préfet Masson Saint-Amand, que l'on trouvait au nombre des oiseaux de passage « les râles de genêt, les grèbes, les cocoings ou marouettes ; ce dernier gibier, ajoute le préfet, est délicat et estimé. » Aujourd'hui encore on chasse la marouette dans la vallée de la Risle.

Mentionnons aussi, d'après Du Buisson, une culture abandonnée de nos jours dans l'Eure, mais pour motifs d'ordre administratif : le tabac. « A Léry, il y a des jardins et des côteaux exposés à l'orient plantés de pétun ou tabac, par rangs droits comme des arbres, et dont les souches ou troncs restant après la moisson ressemblent aux côtes ou cardes des plus hauts et gros artichauts, ou aux troncs des plus grands choux qui se voyent (2). »

Quiconque a visité les restes de l'abbaye de Fontaine-Guérard a remporté de ces blanches ruines, délicieusement encadrées de verdure, une impression qui ne s'efface guère. L'abside de l'église, et surtout la salle capitulaire avec l'étage qui la surmonte, admirablement conservés, sont un très remarquable spécimen de cette architecture cistercienne du XIIIe siècle, si élégante et si pure dans son austérité. Malheureusement, autels, statues, vitraux, pierres tombales ont disparu ; une statue funéraire a seule échappé à la tourmente révolutionnaire.

Gaignières, qui visita en détail Ecouis et Bonport, a négligé

(1) F° 33.
(2) F° 47.

à peu près Fontaine-Guérard. L'abbé Bertin, auquel nous devons une relation si curieuse de son voyage archéologique en Normandie pendant l'année 1718, garde le silence sur le monastère cistercien qu'évidemment il n'a pas vu. Du Buisson-Aubenay avait donc été bien inspiré, non seulement en relevant la liste des abbesses de Fontaine-Guérard, ainsi que celle des obits et fondations d'après le Nécrologe, mais encore en nous donnant la description exacte des nombreux monuments funéraires qui se trouvaient à l'abbaye.

Dans « le cloître de la Collation », ainsi nommé parce qu'on y faisait une lecture pieuse, *collatio*, après le repas (1), se voyaient les pierres tumulaires de plusieurs abbesses : Péronnelle la Mauvoisine, la tierce abbesse de Fontaine-Guérard (la première, Ida, avait été bénie par Eudes Rigaud en 1253) ; Aveline de Mansigny, la quarte abbesse, morte le lundi de Pâques 1298 ; Ada de Crèvecœur, décédée le 1er avril 1332.

Il y avait dans le chœur des Dames un tombeau dont l'épitaphe était ainsi conçue : *Cy gisent vénérables et dévotes religieuses Marguerite Marguerin, abbesse de ce monastère par l'espace de* XXXVI *ans, et auprès d'elle Isabeau de Maromme sa nièce, immédiate abbesse dudict monastère l'espace de* XLVI *ans ; lesquelles durant ledict temps firent plusieurs acquisitions, augmentations, édifices et réparations au profit dud. monastère ; et décéda lad. Marguerin l'an 1495 et lad. Maromme l'an 1541. Priez Dieu pour elles.* Les armes de Marguerite étaient 3 fleurs de marguerite, 2 et 1, et celles d'Isabeau, un lion fascé de deux pièces.

Contre la muraille de la porte de l'église se dressait une dalle tumulaire avec l'inscription qui suit : *Cy devant gist vénérable et religieuse Dame Angélique Cruchon, abbesse de cette abbaye de*

(1) « La galerie du cloître voisine de l'église était particulièrement destinée à ces lectures que les Cisterciens nommaient *collationes*. Des armoires disposées au-dessus des bancs, ou même dans leur épaisseur, contenaient les livres. » A. Lenoir, *Architecture monastique*, II, 396.

Fontaine Guérard, laquelle décéda le 8e jour de mars 1563. Beati mortui qui in Domino moriuntur. Elle blasonnait : d'azur à une croix d'or cantonnée de 4 poissons, et avait pour devise : *Adjutorium meum a Domino.*

Du Buisson mentionne encore « en l'église » les sépultures de Catherine Le Moine, décédée le 5 avril 1578 ; de Marie Quesnel, morte le 29 août 1595, âgée de soixante-dix-sept ans ; elle portait pour armes : une fasce accompagnée de 3 besants, 2 en chef et 1 en pointe. Sur le tombeau de Marie de Roncherolles on lisait : *A l'honneur de Dieu et de sa très sainte Mère, et à la mémoire de sœur Marie de Roncherolles, en son vivant abbesse du monastère de céans, qui décéda le 4e février 1619, âgée de 73 ans. La loi commune des mortels a réduit ce corps en cendre, dont les mérites particuliers, sages actions et vertueuse conduite, ont gravé sur cette tombe le souvenir éternel. Priez Dieu pour son âme. Requiescat in pace.* « Elle porte pour armes celles des barons de Pont-Saint-Pierre, sçavoir : équartelé, au 1er et 4e d'argent à 2 fasces de gueules (1) ; au 2e et au 3e d'argent à la croix de gueules chargée de 5 coquilles d'or (2) ; sur le tout, de gueules à 3 pals de vairé au chef d'or (3). »

A la muraille était adossée une grande lame de cuivre portant gravés les fondations et obits établis par André de Bigars, abbé de Corneville, et par sa sœur Elisabeth de Bigars, d'abord coadjutrice de Madame de Roncherolles, puis bénie abbesse, le 5 avril 1619, par Nicolas Boucherat, abbé de Cîteaux et général de l'Ordre (4). Au-dessous des fondations, on lisait ces deux singuliers quatrains :

(1) Armes des Roncherolles.

(2) Ce quartier était celui des Hangest, barons de Pont-Saint-Pierre, du XIIIe au XVe siècle.

(3) Fo 92.

(4) La dalle tumulaire d'Elisabeth de Bigars est aujourd'hui conservée dans

Pour Mr de Corneville

Son corps donne à La Londe
Et son cœur en ce lieu ;
Ainsy quittant ce monde
Rendit son âme à Dieu.

Pour Madame

Elle a quitté La Londe
Et pris ce sacré lieu,
Pour mieux après ce monde
Trouver place avec Dieu.

Le cœur d'André de Bigars était inhumé devant le degré de l'autel sous une lame de cuivre à ses armes, d'argent à 2 fasces de gueules. L'inscription rappelait que le défunt, aumônier et conseiller du Roi, abbé de Corneville, doyen de Lisieux et seigneur de Tourville, était mort le 11 décembre 1638 (1).

L'église renfermait d'autres sépultures seigneuriales dont quelques-unes étaient de véritables œuvres d'art.

Vers la fin du xiie siècle, la terre de Radepont était passée des moines de Préaux dans les mains de Robert du Plessis dit

une ancienne chapelle de l'abbaye, construite parallèlement à la grande église. Voici l'épitaphe :

Cy gist noble et
Religieuse Dame
Elisabeth de Bigars
de la Londe, abbesse
de céans dont les
grands mérites sing-
ulières vertus et
sage conduite aux
gouvernements spiri-
tuel et temporel de
cette maison durant
42 ans lui ont acquis
à bon droict la qualité
de restauratrice
....
(Le reste manque.)

(1) F° 94.

le Chambellan, qui maria en 1185 Luce, sa fille unique, à Robert Ier de Poissy, châtelain de Pont-Saint-Pierre. Or Robert de Poissy, qui était passé à Londres pour les affaires de Richard Cœur-de-Lion, y était mort en 1197, laissant pour héritier Robert II de Poissy. Sa veuve, Luce du Plessis, se remaria à Robert de Moret, dont elle eut un fils Jean. Lorsque Philippe-Auguste se fut emparé du château de Radepont à la suite de la prise du Château-Gaillard, il confisqua naturellement les terres de Radepont et de Pont-Saint-Pierre. Toutefois, la famille de Poissy ne tarda pas à reconquérir les bonnes grâces du roi, puisqu'en 1210, Robert de Poissy figure parmi les chevaliers du Vexin portant bannière; Philippe lui rendit la moitié de la terre de Radepont, concédant l'autre moitié à son frère utérin, Jean de Moret. Robert III de Poissy s'était marié en 1261 à Isabelle de Marly; leur fille Mathilde de Poissy épousa Hervé de Léon et fit ainsi passer la moitié de la terre de Radepont dans cette maison, l'une des plus considérables de Bretagne (1). Nous allons retrouver plusieurs membres de cette famille sous les dalles funéraires de Fontaine-Guérard.

« Au milieu du chœur des prestres, dit Du Buisson-Aubenay, est une tombe de pierre portant l'effigie d'une dame sur laquelle est écrit : *Cy gist Madame Alix de Mouret, jadis femme de monseigneur Jehan de Rouvrois, sire de Grainville; elle trespassa en lan de grâce MCCLXXXXIII, le jour de la sainct Grégoire. Dex ayt mercy de son ame. Amen* (2) ». Jean de Rouvray était seigneur de Grainville du chef de sa femme.

Près de là se trouvait la sépulture « d'un chevalier armé », Hervé de Léon, sire de Noyon, « qui trespassa à Paris, le mardi après la Nativité Nostre Dame de septembre en l'an de grace mil cc (en blanc). » A côté était une petite dalle tumulaire avec

(1) A. Le Prévost, *Mémoires et notes pour servir à l'histoire du département de l'Eure*, III, 13 et 14.

(2) F° 95.

ces mots : *Cy gist Hervieu le fils de monseigneur Hervieu de Léon et de madame Mathilde* (1) *de Poessi, dame de Noion.* Ses armes étaient un lion rampant.

Enfin une tombe « portait l'effigie d'un chevalier armé » avec l'inscription suivante : *Cy gist Hervieu de Léon, sire de Noion, qui trespassa l'an de grace MCCCLV la veille de Nostre Dame de mars. Priez pour l'ame de ly que Diex mercy ly face.* « Sur la même tombe, ajoute Du Buisson, il y a huict écussons de cuivre (qui étaient probablement émaillés) sçavoir quatre de chaque costé. Le 1er et le 4e écusson du costé droit portent un lyon rampant; le 2e, d'azur échiqueté d'or; le 3e, d'azur bandé de 3 pièces d'or. Le 1er et 4e du costé gauche portent un lyon rampant; le 2e, équartelé de 4 lyons rampants, et le 3e échiqueté d'azur et d'or ».

« Dans la muraille, derrière le confessional est une tombe élevée de 3 pieds (c'était un enfeu) portant la représentation d'un ecclésiastique, sur laquelle est écrit :

Hic jacet angligena Valterius gazophilator
Rothomagi. Tecum sit semper summe creator.

Il s'agit sans doute d'un gardien du trésor que le roi Henri II et ses successeurs avaient établi dans la tour de Rouen (2).

« Au costé droit du grand autel (3), dans une arcade de la muraille, est une tombe élevée de 3 pieds de haut portée sur quatre lyons de pierre sur laquelle est l'effigie en bosse d'une dame dont la teste repose sur un oreiller tenu par deux anges; l'es-

(1) Du Buisson a écrit *Marie*, ce doit être une erreur; la pierre portait probablement : *M. de Poessi.*

(2) Voir L. Delisle, *Des revenus publics en Normandie au XIIe siècle.* (Bibl. de l'Ecole des Chartes, année 1848-49, p. 279 et 280).

(3) Dans une autre note du manuscrit on lit : « Il y a encore quelques sépultures dans le monastère, comme celle qui est élevée avec statue gisante en pierre dans la paroy au coin évangélique du grand autel, sans légende, mais que l'on croit estre d'une comtessse de Blois. » F° 92.

cripture n'apparoist plus. La commune créance est que c'est une comtesse de Blois, ou bien la dame Béatrice d'Averse, comtesse de Pavie, qui a donné à l'abbaye et aux habitants des paroisses de Douville, Radepont, Pont-Saint-Pierre, Romilly, Pistres, les aulnaies et communes pastures qu'ils possèdent, et au sujet de quoy chacune desdites paroisses vient tous les ans en procession au premier jour de may et aux festes de la Pentecoste (1). »

Ce passage de Du Buisson appelle quelques réflexions. Il ressort d'une déclaration des biens et revenus de l'abbaye, faite en 1547, que les religieuses possédaient par donation et concession de leur fondateur, Robert de Leicester, les droitures de pâturage, panage, etc., dans toutes les communes pâtures des paroisses susnommées. Ce n'est donc pas de Béatrice de Pavie qu'elle les tenaient. De plus, ce nom tout italien est bien fait pour surprendre; il s'agirait tout simplement, en ce cas, de Béatrix de Pavie ou de Pavée, mentionnée dans une charte de 1224 par laquelle Roger, fils d'Ouin, confirme certaines donations faites à l'abbaye de Jumièges de terres sises à Guiseniers, notamment celle que Roger Torel avait faite de biens situés en cette paroisse « in loco qui dicitur Pavia (2) ». Mais si le tombeau était réellement, comme on le supposait au XVIIe siècle, celui d'une comtesse de Blois, il conviendrait de se rappeler que Marguerite d'Avangour, femme de Henri III de Léon, seigneur de Radepont, était la tante de Jeanne, duchesse de Bretagne, mariée en 1337 à Charles de Châtillon, comte de Blois (3).

Heureusement, le monument décrit par Du Buisson existe encore aujourd'hui, quoique bien mutilé et délaissé dans un coin des ruines de Fontaine-Guérard. L'un des quatre lions qui supportaient la statue a disparu; les deux petits anges soutenant le coussin sont d'une grâce merveilleuse; l'effigie funéraire,

(1) F° 95 et 96.
(2) A. Le Prévost, *Mém. et notes*, II, 221, 222.
(3) A. Le Prévost, *Mém. et notes*, III, 14.

malgré les injures du temps et des hommes, est toujours superbe ; son costume permet, à n'en pas douter, de reconnaître une noble châtelaine de la première moitié du XIVe siècle (1).

Enfin, au milieu du chœur des Dames, s'élevait « une sépulture de marbre noir autour de laquelle sont les images de nostre Sauveur et des douze apostres de marbre blanc, sur laquelle tombe est l'effigie en bosse de marbre blanc de la comtesse d'Aumale, sur laquelle est écrit : *Cy gist madame Ida de Meulenc, jadis comtesse d'Aulmale, et fut femme du comte Jehan qui mourut à Courtray et trespassa l'an mil CCCXXIII, le 17 janvier. Priez pour l'ame de ly.* » La comtesse d'Aumale, veuve de Jean d'Harcourt tué en 1302 à la bataille de Courtray, était une insigne bienfaitrice du monastère.

Nous n'avons pas encore franchi les limites de l'ancien diocèse de Rouen. Faisons, pour terminer, une courte excursion dans celui d'Evreux.

Deux rivières, la Risle et l'Iton, présentent cette curieuse particularité de disparaître sous terre durant un certain espace de leur cours. Pendant les basses eaux, le cours de la Risle est interrompu çà et là, depuis le Moulin-Rouge à la Vieille-Lyre, jusqu'à Grosley. En cet endroit, la rivière s'accroît des eaux de la Fontaine-Enragée qui paraissent être le résultat du cours d'eau inférieur qui est parvenu à se faire jour.

A Villalet, en aval de Damville, l'Iton cesse de couler pendant l'été à partir du Moulin-du-Coq pour reparaître un peu avant Gaudreville-la-Rivière. Il prend le nom de Sec-Iton. La grande perméabilité du sol entièrement composé de silex et de sable explique l'absorption des eaux lorsqu'elles ne sont pas abondantes.

Ces phénomènes avaient frappé Du Buisson-Aubenay, qui fait à ce propos les observations suivantes :

(1) Cf. *Bulletin de la Société des amis des arts du département de l'Eure*. Evreux, 1898. (Note de M. L. Regnier, page 75.)

« La Risle s'en vient par le Moulin de Chalet, petit hameau dont estoit originaire le premier abbé de Lyre, *Robertus* de Caleth, puis par le Moulin de Quincarnon, par Champignolles, par Saint-Aubin-sur-Risle, gentilhommière, et le Moulin-Chapel, autre gentilhommière de ceux du surnom de Pommereuil, et au bourg de Ferrières, *Ferraria, a ferri fodinis et fabricis quae ibi olim, ut fama est, et nunc quoque instaurantur;* et delà elle commence à diminuer, passant en certains lieux spongieux et caverneux qu'on appelle bétoires, *quasi bibitoria, quod ebibant aquas;* passe au-dessus du bourg de Châtel situé sur le côteau de la rive gauche, au bout oriental duquel est le prieuré de l'ordre de Saint-Estienne de Grammont, vis à vis duquel la rivière est comme un ruisseau qui se passe sur de petites planches, puis va au Moulin de Grammont et à celuy de Bougy, au-dessus duquel vers Groslay elle tarit, et pendant l'été se perd tout à fait dans des bétoires. Au bout d'une lieue et demie, elle reparoist et renaist au-dessus du moulin pour ce appelé le Moulin de la Fontaine à une demi-lieue au-dessus de l'église de Vieilles à Beaumont-le-Roger. Mais en hyver elle ne tarit pas, mais roule par un vallon de la forest de Beaumont, depuis le Moulin de Bougy par Groslay, jusques audit Moulin de la Fontaine et de là par Beaumont (1). »

« L'Iton vient de Breteuil par Condé et Damville, en une paroisse nommée Virolet (on trouve *Viraletum* dans une charte de 1280), non loin de l'ermitage du Gault, et là, au lieu appelé Kiton ou Squiton, elle tombe dans une bétoire ou trou où elle se perd comme si cet endroit étoit percé; d'où le proverbe.......

Un proverbe assez gaulois, pour lequel vous me permettrez de renvoyer au manuscrit.

Quant au lieu dit Kiton ou Squiton, c'est une corruption fort reconnaissable de Sec-Iton, nom que l'on donnait au lit de l'Iton quand il était desséché.

(1) F° 45.

De là, ajoute Du Buisson, « la rivière passe sous un large côteau, et au bout d'environ une demi-lieue, elle vient vers le nord resourdre et sortir au moulin à papier de Grisolles..... A l'abord et à une bonne canonnade près de la ville d'Evreux, vous passez la rivière à gué ou sur un pont de bois (1). »

Aujourd'hui, comme au temps de Louis XIII, les nombreux bras de l'Iton arrosent les murailles de la ville ; en amont et en aval s'étendent de verdoyantes prairies dominées par la forêt d'Evreux et les coteaux de Saint-Michel. Cet aspect plantureux et frais faisait dire à Du Buisson-Aubenay : « Evreux est située en un fond de prairie fort à la ressemblance d'Oudenarde, ville sur l'Escaut en Flandre flamingante ». J'ai visité Audenarde, et j'avoue que cette ressemblance ne m'a pas frappé.

Au XVIIe siècle, une vingtaine d'églises paroissiales ou conventuelles dressaient fièrement au dessus des pignons bourgeois leurs tours et leurs campaniles ardoisés que dominait le *Clocher d'argent* de la Cathédrale. D'anciennes estampes nous ont conservé quelque chose de l'aspect pittoresque qu'offrait alors la vieille cité ébroïcienne. Dans son *Itinéraire*, Du Buisson s'est surtout occupé du couvent des Jacobins ou Frères-Prêcheurs ; et comme cette église a été détruite en 1824, et que son mobilier avait tout entier disparu à la Révolution, les notes de notre voyageur offrent un réel intérêt.

Rappelons d'abord que l'église des Jacobins, construite dans le dernier quart du XIIIe siècle sous le haut patronage de l'évêque d'Evreux, Philippe de Chaourse, était longue de 172 pieds et large de 32 ; elle était divisée en trois parties : le sanctuaire, le chœur des religeux et la nef ; il n'y avait pas de nefs collatérales.

Sur le portail, dit Du Buisson, on lisait le mot *Jesu* trois fois répété dans une inscription de silex noir (2). On sait que la dé-

(1) F° 51.

(2) Ce portail était du XVe siècle.

votion au saint nom de Jésus était, dès la fin du XIIIe siècle, très en honneur dans l'ordre de Saint Dominique.

Devant le maître-autel était la tombe de l'évêque Philippe de Chaourse, mort en 1281 : « elle est de cuivre ou bronze, figurée d'un personnage à l'épiscopale. » Gaignières, qui en avait fait exécuter un dessin, nous apprend que le fondeur s'était ainsi nommé lui-même : *Guillaume de Plalli me fecit* (1).

Dans la nef, devant la chapelle du Rosaire, se trouvait une dalle tumulaire figurant une femme voilée avec cette inscription : *Cy gist damoiselle Marguerite Roq, en son vivant femme de noble homme Geoffroy de Quincarnon, seigneur des Rousseaux, laquelle décéda le 3e juin 1525.* Ce Geoffroy de Quincarnon, originaire de la paroisse de Saint-Pierre d'Evreux, avait été anobli par les francs-fiefs l'an 1481, à cause du fief d'Asseville sis en la paroisse de Marbeuf (2) ; quant au fief des Rousseaux, il était situé à Epreville, près le Neubourg.

Du Buisson fait remarquer « qu'un seigneur de Genlis, qui estoit gouverneur d'Evreux, avoit fait allonger et accroistre la nef des Jacobins ». Il doit, sans doute, s'agir d'Adrien de Hangest, sieur de Genlis, bailli et capitaine du château d'Evreux, qui fut chargé par Louis XI de faire rebâtir le clocher et le chancel de l'église de Saint-Nicolas sur le district de laquelle était situé le château d'Evreux (3).

Plusieurs membres de la famille Hangest de Genlis avaient leur sépulture « en une chapelle qui estoit au costé boréal du chœur et qui est à présent démolie et ostée. » Leurs armes,

(1) H. Bouchot, *Inventaire des dessins exécutés pour Roger de Gaignières*. I, 285. — Il existe une localité du nom de Plailly, canton de Senlis (Oise).

(2) Lebeurier, *Etat des anoblis en Normandie, etc.*, 1866, p. 177.

(3) Le Brasseur, *Histoire civile et ecclésiastique du comté d'Evreux*, p. 308. Le Batelier d'Aviron, *Le Mémorial historique des évêques d'Evreux*, 1865, p. 125.

d'argent à la croix de gueules chargée de 5 coquilles d'or, se voyaient aux verrières de la nef et du chœur. « Dans une vitre du chœur, au septentrion, ajoute notre auteur, elles sont parties d'or à la fasce de gueules accompagnée de 3 tourteaux d'azur, 2 en chef et 1 en pointe ; lesquelles armes sont aussy en relief aux portaux. En cette même vitre sont représentés priants sous des pavillons rouges à franges d'or, à genoux sur des quarreaux rouges, chacun à part, un sieur de Genlis armé, ayant sa casaque d'armes semée de coquilles d'or, ses armes pleines audessous de luy, et sa femme ayant ses armes, d'or à la fasce de gueules accompagnée de 3 tourteaux d'azur (1) ». Ce personnage n'était autre qu'Adrien de Hangest. Son fils, Jean de Hangest, lui succéda dans sa charge de capitaine du château d'Evreux. Il avait épousé Marie d'Amboise : devenu capitaine du château de Rouen en 1480, il fut enterré en 1490 dans l'église des Célestins (2).

Sur une autre verrière des Jacobins se voyait un chevalier priant, dont la cotte armoyée et le blason, de gueules à 3 chevrons d'or, indiquaient un seigneur de Garencières, peut-être Jean de Garencières, sire de Croisy, maître des eaux et forêts du Roi, au XVe siècle, qui en cette qualité « avait fait délivrer du bois en la forest d'Evreux aux frères Jacobins de Saint-Louis, c'est assavoir du mort bois pour ardoir et du vif bois pour réédiffier leur église et maison quant besoin en estoit » (3).

D'autres blasons normands étincelaient aux vitraux ; l'un d'eux, d'azur à l'orle de 6 anneaux d'argent (4), parti de gueules à deux fasces d'or, rappelait le mariage contracté le 28 août 1401 par Yves de Vieuxpont avec Blanche d'Harcourt.

A la fenêtre du fond du chœur, un écusson d'or au lion

(1) F° 54.

(2) Farin, *Histoire de la ville de Rouen*, 1710, III, p. 375 et 376.

(3) Chapotin, *Le Couvent royal de Saint-Louis d'Évreux*, p. 37.

(4) C'est le blason que donna Du Buisson ; d'autres donnent d'argent à 6 annelets de gueules.

d'azur, au chef de gueules, parti d'azur à la bande componée d'or et de gueules, indiquait que le vitrail avait été donné par Thomas Bohier, général des finances de Normandie, époux de Catherine Briçonnet, lequel mourut en 1523. L'un de leurs enfants, François Boyer, devint abbé de Bernay en 1524, puis évêque de Saint-Malo.

Dans la nef, divers écussons aux armes d'Ambroise et de Gabriel Le Veneur, de Jacques Davy' Du Perron, évêques d'Evreux, des Hennequin, des Hurault de Cheverny, des Boullenc d'Angerville témoignaient de la munificence de ces familles envers la communauté des Jacobins; les noms mêmes de ces donateurs nous font vivement regretter que Du Buisson n'ait pas songé à signaler les scènes évangéliques ou légendaires qui remplissaient ces riches verrières de la fin de l'époque gothique et de la Renaissance.

L'Itinéraire de Normandie consacre une dizaine de pages à l'abbaye du Bec et donne une description assez complète des tombeaux conservés soit dans la salle capitulaire, soit dans le chœur de l'église et la chapelle de la Vierge. Nous avons utilisé, il y a quelques années, ces documents inédits dans une étude sur l'église abbatiale du Bec au XVIIe siècle; nous n'y reviendrons pas.

Messieurs, notre excursion archéologique est terminée.

Les explications du guide dont je vous avais convié à suivre les pas à Rouen, à Ecouis, à Pont-Saint-Pierre, à Fontaine-Guérard, à Evreux ne vous ont point apporté de bien vives émotions : je m'y attendais. Mais je me souvenais aussi que, de même qu'un tableau ne vaut que par une perspective bien ordonnée, avec des premiers plans plus importants et plus tranchés, des lointains moins accusés, mais nettement reconnaissables; ainsi la scène de l'histoire nous offre des personnages de première grandeur dont les exploits ou les doctrines s'imposent à l'attention et la retiennent longtemps. Un peu plus loin, au second plan, souvent au troisième, se meuvent des figures de proportions moindres, mais avec l'activité et l'influence desquelles il faut encore compter ; de telle sorte que si on les supprimait par la pensée, ces grands personnages qui remplissent les premiers rôles sembleraient s'agiter dans le vide, car tout se tient et s'enchaîne étroitement dans l'histoire des civilisations.

Il y a encore, dans un tableau, les fonds, le paysage, le ciel, qui déterminent le milieu, la saison, l'heure même que le peintre a voulu fixer sur sa toile. Ainsi pour l'histoire : la condition sociale, les habitudes morales, la littérature, les tendances artistiques, l'ameublement, le costume aident singulièrement à caractériser un peuple ou une époque. On comprend mieux les hommes quand on a une connaissance exacte du milieu où ils ont vécu.

J'en conclus qu'en histoire rien n'est négligeable, et que tout y a son rôle utile ; le grand point est de voir les hommes et les choses dans leur réalité et à leur vrai plan. Le personnage le plus mince, le moindre fait, une date, une inscription, un détail de costume peuvent, à l'occasion, combler une lacune et répondre à un desideratum. C'était un anneau qui manquait à la chaîne et que voilà retrouvé.

C'est pourquoi, Messieurs, je n'ai pas hésité à vous présenter la modeste contribution historique que Du Buisson avait préparée, je pourrais presque dire à votre intention. Ami sincère de sa province de Normandie, chercheur infatigable, aimant à communiquer le fruit de ses labeurs, il réunissait au plus haut degré les qualités qui eussent pu faire de lui l'un de nos confrères les plus érudits et les plus laborieux..... si nous étions nés trois siècles plus tôt.

www.ingramcontent.com/pod-product-compliance
Ingram Content Group UK Ltd.
Pitfield, Milton Keynes, MK11 3LW, UK
UKHW021036220726
13924UKWH00001B/357

9 782019 21537